Mit auslesenen Grüße von

Jördis Rosenpfeffer

Dresden, 20. Dezember 2020

Jördis Rosenpfeffer

Und wenn ich mich heut Nacht besaufe, obwohl ich doch nur Nähe brauche

(Liebes-)Gedichte

worthandel : verlag

1. Auflage November 2020
© 2017 - 2020 worthandel : verlag, Dresden
Lektorat, Satz & Gestaltung: Enrico Keydel

Abbildung der Kronkorken mit freundlicher Genehmigung von
WOSTOK, Baikal Getränke GmbH, Berlin

Die Verwertung dieser Texte, insbesondere Vervielfältigung,
Sendung, Aufführung, Übersetzung, auch auszugsweise, ist ohne
schriftliche Genehmigung durch den Verlag urheberrechtswidrig.

Dieser Titel ist auch als Ebook erhältlich.

Alle Rechte vorbehalten
www.worthandel.de
ISBN-Print 978-3-935259-95-8

*»We live in a world
where we have to hide to make love,
while violence is practiced in broad daylight.«*

John Lennon (1940 - 1980)

Liebesfragment

Ich wünschte, du würdest das lesen,
ohne zu wissen, wer ich bin.
Das Leuchten in deinen Augen:
Na, wonach steht dir der Sinn?

Ich wünschte, du könntest das lesen,
ohne zu wissen, was je gewesen.
Einfach vergessen, wer du bist
und an mich glauben.

Einfach so sein, wie es ist,
als hätt'st du niemals vermisst.
Denn dein Lächeln kann ich nicht deuten:
So lächelst du vielleicht vielen Leuten?

Nicht ermessen, was ich dir bin:
Sag schon, wonach steht dir der Sinn?
Ich wünschte, du würdest da stehen
und wüsstest, du willst nie wieder gehen!

Komm, du würdest mir dein Alles zeigen
und dich zum Kuss zu mir neigen.
Dann würden wir atmen und tanzen,
zwischen aphrodisierenden Pflanzen.

Dann könnten wir singen und fliegen
und die Liebe würde alles besiegen.
Voller Hoffnung, Träumen & Euphorie,
denn die verlassen uns nie!

16.11.2017, 21:14 Uhr

warten aufs gewitter

ich rieche den regen
schon von weit
und zähle die zeit.

noch ein paar minuten
dann wird es gewittern
und die stadt wird erzittern.

und lichtbogen geben, denn
unter dieser feuchten hitze
entladen sich heftige blitze.

wenn winde das wasser
über strassen fegen :
reinigender sommerregen.

wir werden nackt tanzen
wenn der himmel sich türmt
& die atmosphäre erzürnt.

dann werden wir richtig nass
und waschen von uns
neid, leid, gier & hass.

und falls die sonne siegt,
gibt es von unten bis oben
vielleicht einen regenbogen.

13.06.2020, 14:14 Uhr

Beide, nicht die.

I

Wir waren beide nicht die,
die wir voneinander erwartet
oder in unseren kühnsten
Träumen ausgemalt hatten.

Wir waren beide nicht die,
die wir heimlich ersehnt
oder uns vernünftig
vorgestellt hatten.

Wir waren beide nicht
ganz unsere Traumtypen,
aber verdammt nah dran
& offen für viele Facetten.

II

Aber wir mochten uns sofort.
Und fühlten uns sofort nahe.

Weil wir uns alles erzählen,
weil wir uns alles zeigen,
uns alles sagen und
uns alles anvertrauen konnten.

Alsbald standen wir nackt vor einander,
vollkommen, nackt & vollkommen nackt.

>>

III

Wir waren beide die,
die unsere Geschichten,
unsere Vergangenheiten
aus uns gemacht haben.

Mit allen Tälern, allen Bergen,
allen Schlammlöchern und Hochebenen,
auf denen wir unterwegs
gewesen sein mussten.

Wir waren so verschieden,
dass es eine rechte Freude war.
Oder so ähnlich. Beide
von weit weg. Aus entfernten
Kulturen & Habitaten.

IV

Wir spürten beide,
dass wir es wollten :
Uns gegenseitig befruchten.
Inspirativ, konspirativ, naiv,
kreativ, spirituell & körperlich.

Aus dem Norden & dem Osten
zeugten wir von Weltoffenheit
& zeugten zärtlich einen kleinen
Nordosten.

V

Als wir uns zum zum ersten Mal trafen,
ahnten wir nichts davon. Überhaupt
gar nichts. Es waren Energie, Aura &
das rätselhafte Phänomen der Pheromone.

VI

Wir gaben uns hin
& verausgabten uns
in chemischen Reaktionen.

Ein Fest der Synapsen,
Wirbelwinde ohne Namen
vereinnahmten uns.

17.08.2019, 16:31 Uhr

Mal anders anfangen

Vielleicht trifft man sich
und umarmt sich und küsst sich
und beschnuppert sich
und legt sich ins Gras.

Und züngelt miteinander
und lässt zuerst die Augen,
das Herz und den Bauch sprechen
und alle Sinne.

Und mal nicht zuerst
den Verstand im zerdachten Kopf.

Um zu erfahren wie
deine sonnengegerbte Haut
auf meinen Lippen schmeckt,
sich deine Hände (in meinen) anfühlen,
dein Atmen sich anhört.

Noch bevor die Erfahrungen
was zu sagen haben.

Wie mein Haar für dich riecht -
und ob das für dich reicht.

Ob es dir genügt,
ohne lügen zu müssen.

Ob deine Sommersprossen
Sternbilder für mich ergeben
und ich deinen Narben
gewachsen bin.

Noch bevor komische Erinnerungen
ihre Stimme erheben.

Uns einfach körperlich erleben,
ohne zu reden.

04.08.2020, 16:00 Uhr

sprachlos, mit zunge.

mit deiner zunge
hast du mich
sprachlos gemacht.

so zärtlich verzettelt.
wie eine muttersprache.
hast meine lippen geküsst.

wie einen mund.
so innig und warm.
dein süßer puddingmund.

hast mich zu deiner königin
erkoren. mit deinen heiligen
händen & deinen fingerspitzen.

mich so sanft berührt.
wie sonst nur das display
deines smartphones.

auf den richtigen stellen.
meiner noch immer
wehenden wunden.

hast mich in geborgenheit
mit deiner zärtlichen zunge
entjungfert.

wie ich es im kühnsten
nie zu träumen wagte.
als wäre ich ein zweites

mal geboren.
nun bin ich endgültig
in dir. verloren.

Jördis Rosenpfeffer

bestimmt, ganz.

vielleicht träume ich von dir. und tagträume von dir. falls ich jemals erwache. wieder und wieder. und dazwischen denke ich die ganze zeit an dich. doch das geht nicht. so geht das nicht. sagt man sich. du inspirierst mich. ich darf das nicht. das gehört sich nicht. ich frag dich nicht. du dich bestimmt auch. aber wir uns nicht. es ist ein unterschied. oder mehr als einer. aber von herzen stimmt das. für uns stimmt das. für niemanden sonst. die wundern sich. und fragen sich. aber nicht uns. nur die anderen. aber die sind nicht wir. wer soll das verstehen. ja, das versteht keiner. wir ja selbst nicht, eigentlich. aber alles verstehen wollen ist nicht immer gut. lass uns geheimnis sein. ganz für uns. innig. und meer. mit den wellen forttragen. und uns ganz sanft berühren wie quallen. feuerquallen, weil tiefe liebe in uns brennt. bis wir am ufer angespült werden. es gibt kein hier und jetzt. dafür gibt es kein gesetz. am saum der zeit im schaum. und in der sonne zergehen. rückstandslos vergehen. nichts mehr übrig. und unsre liebe zerstäubt in der gischt. hörst du, wie es leise zischt?

10.01.2018, 18:36 Uhr

komm, und.

I

komm,
mach mich
endlich
still!

komm,
setz dich
auf meinen
mund.

II

setz dich
auf meinen
mund und
komm!

III

komm,
setz dich
endlich hin,

du machst mich
ganz ne rv   ös.

komm zu mir
zur ruhe.

IV

come
as you are.

09.04.2019, 01:34 Uhr

Sie lügen, alle!

I

Denn in Wirklichkeit
ist der Mond eine halbe Zitronenscheibe,
die du an den Himmel geklatscht hast,
weil du so sauer auf mich bist.

Nun heulst du, Suse, süße Tränen,
in sattes Schwarz eingelegt,
unser Abschied schmeckt bitter,
mit erdiger Kopfnote, wie Trüffel.

Ich träumte von nackten Tatsachen,
aber die Wahrheit ist : nachdem wir
uns angezogen hatten
und dann gegenseitig ausgezogen,
haben wir uns voneinander abgestoßen.

Nun ist dir keine Ferne weit entfernt genug,
weil unsere Nähe so nah war.
Einst einander fremd, dann irgendwann
zu nah, heut sind wir uns unnahbar.

Nur hast du wohl vergessen :
wenn man Zitrone lang genug
im Mund behält, schmeckt sie süß,
wie Zucker am Glas.

II

Das ist nun schon so lange her,
dass es längst nicht mehr wahr ist.
Ich erinnere grad noch :
Vogel Rund Eule Liebe.

19.11.2019, 19:09 Uhr

Vereinbarung

Du kannst flirten mit wem Du willst
Du darfst küssen, wen Du möchtest
Du kannst schlafen, mit wem Du willst
Ich würd nur gern Dein Hafen sein.

Hauptsache Du bist glücklich
Hauptsache Du fühlst Dich frei
Denn ich besitze Dich nicht
Und Du gehörst mir nicht
Wenn Du willst, kannst Du
aber zu mir gehören.

Du darfst den Ozean erkunden,
Dich weit raus wagen,
Deine eigenen Grenzen finden -
Schön wäre, wenn ich Dein Hafen sein dürfte,
Zu dem Du immer wieder zurückkehrst,
Um Aufzutanken und ein wenig zu verweilen,
Wenn Du Geborgenheit & Ruhe suchst.

Du darfst jederzeit bei mir den Anker werfen,
Ich warte hier auf Dich, sofern ich selbst gerade
nicht unterwegs bin im weiten Ozean der Liebe.
Und dann bitte ich Dich : warte Du auf mich.

Ich möcht gern Meeresfrüchte mit Dir teilen.

27.01.2018, 13:23 Uhr

nachtwache, eule.

so eine zwischenwelt
aus müde & wach.

tagträumen & nachtwache.
eule & lerche.

phantasie & poesie.
worten & schweigen.

auf der suche nach berührungen,
die sich im herzen einnisten.

die für immer ein warmes
gefühl hinterlassen würden.

ganz vertraulich,
unzerbrechlich.

irgendwas mit geborgenheit,
unbeschreiblich.

27.04.2019, ca. 4 Uhr

mehr, noch.

noch mehr milch
noch mehr zucker
noch viel weicher
aber nicht seichter.

noch viel eingängiger
noch viel mehr breakbeats
viel, viel mehr rhythmus
doch nicht eingetaktet.

noch viel gehaltvoller
noch viel tiefer & viel
öfter aus dem bauch heraus - :
manches auch am arsch vorbei.

nicht ganz nüchtern
eher irgendwie trunken
jedoch auch nicht
vollkommen besoffen.

18.05.2019, 10:47 / 11:16 Uhr

Jördis Rosenpfeffer

Geh nicht

Zieh nicht einfach so vorbei wie die Wolken,
der Mond, der Wind oder die Schwalbe.

Bleib mal stehen,
halt mal an,
ich will dir was sagen.

Zieh nicht einfach so vorbei wie dieses Gewitter,
jene Feder, der Fluß oder die Vernunft.

Bleib mal hier,
halt mal inne,
ich will dir was sagen.

Zieh nicht einfach so vorbei wie die Landschaft
am Zugfenster, der Tag, der blaue Ballon oder die
Raumstation.

Bleib mal hier,
kehr mal ein,
ich will dir was sagen.

Zieh nicht einfach so vorbei wie all die Jahre,
der kleine Hund an der Leine, diese Berührung
oder diese vielen Posts.

Bleib mal stehen,
mach mal kurz Stopp,
ich will dir was sagen.

Wisch mal nicht gleich weiter,
wisch mich nicht sofort weg,
gib mir mal noch eine winzige Chance.

Um vielleicht doch
eine Spur in deinem
Herzen zu hinterlassen.

Geh nicht einfach so vorbei,
geh nicht einfach so.

Vorbei.

02.08.2020, 15:59 Uhr

herzensbrecher

ich fahre mit meinem herzensbrecher
durch dein schelfeis
mit elf knoten und dreizehntausend ps *(poesiestärken)*

gleite wie durch butter durch deine dicken schollen
um irgendwann deinen mittelpunkt zu erreichen
und den dann warm zu streicheln

bis deine zweifel schmelzen
und dein zuckerspiegel steigt
und dein herzrhythmus aus dem
tucker tucker tack tack tack tackt gerät

27.05.2020, 12:10 Uhr

Jördis Rosenpfeffer

ich liebe deinen abwasch

ich liebe deinen abwasch
liebe deinen abfluß und deine flusen
liebe deine krümel und photos

ich liebe deine augen
liebe die bilder, die du mit ihnen malst
liebe deine hände und die tücher dafür

ich liebe an dir, ich zu sein
liebe deine liebe und die zu deinem hüfttuch
ich liebe dein drumrum und deinen körper

ich liebe dein angesicht im schlaf
(auch wenn diese zeile geklaut ist)
liebe deine haare in unseren mündern
und was die welt deiner vergangenheit
aus dir gemacht hat

ich liebe deine mir noch unbekannten fehler
liebe deine liebe zum leben und all die bilder
die du noch nicht gemalt hast

und darum
frag' lieber nicht
denn ich bin
befangen.

10.04.2001, 11:27 Uhr

versuch eines besuches

weil ich nicht da war bist du nicht geblieben
du hast dich anders umentschieden
bist wieder fort und hast zurückgesehen
weil ich nicht da war muß ich wieder gehen.

du warst nie hier,
ich habe mich getäuscht
du bist ja kaum bei dir gewesen
hast auf wegen dich gesucht,
die nie sind weg gewesen.

du warst mal liebeskrank und bist noch nie genesen
und sehnst dich weiter - doch wonach, wozu?
darfst nicht suchen, mußt dich finden lassen
geh einfach los, es ist dein weg, du kannst ihn
nicht verpassen.

müd' wird der kopf und leise werden glieder
schau nach vorn und du erblickst dich wieder
achtzehn Uhr holt dich der glockenschlag
du hältst kurz inne - das war dann der tag.

musik gleist leise in die nacht
der tag war in mir mit dem mich
immer nur im zimmer meines ich
warst du schon da
oder kommst du einfach nicht?

05.05.2001, 21:17 Uhr

Jördis Rosenpfeffer

zwölf sonnen, sengend.

zwölf sengende sonnen.
ich spiele nur.
und schwitze.
und dürste.

sand in lanzarote,
fuerteventura.
aromatische tomaten.
land in sicht.

ich reibe deine möse.
massiere deine rosette.
zungen muskel kater.

umzingle deinen nabel
mit zärtlicher zunge.
kreise deine zweifel ein.

nun sind wir.
sinnlich.
für immer.
vereint.

04.02.2015, 18:11 Uhr

nachtnotiz, spontan.

auf der zunge dieses konzentrische kreisen.
die quadratur um die eigene achse.
das zitternde entwöhnen aller litaneien.
im gleichschritt des gallopierenden
wachstums fortschritts schwachsinns.

auf deiner zunge mein kreisen.
meine sinnlose dreiecks-
beziehung mit sindbad,
auf odysee mit eurydike.

wir lecken uns die lippen nach feuer.
auf dem asphalt vor dem haus zwirbeln
zikaden ihre beine zu sehnsucht.

schwach sinnig
im unklaren morgen bleibt
benebelt pennelope.

ich spring auf
mein heupferd
und reite davon.
reite davon.

weit weg von mir.

20.07.2014, 23:54 Uhr

Jördis Rosenpfeffer

wie im film, von vorn.

und dann besaufen wir uns
mit kakao und du sagst
du willst in den süden aber

wir schaffen es nicht so weit
und dann bleiben wir
immer hungrig

zwischen den kanälen
aber wo will ich noch hin
mit dir gemeinsam

durch die grachten torkeln
und in die hauseingänge
kotzen und ab und zu rucki

zucki eine nummer schieben
und irgendwann dann
trennen wir uns und

dann macht jeder eine
schöne kleine therapie
und dann geht es wieder

von vorne los :

13.03.2015, 20:55 Uhr

Immer hungrig, Mädchen.

Hunger hatten wir immer. waren gebeutelt und gebenedeit. wir aßen nie etwas, das war vor den anderen Mädchen uncool. wir aßen nie etwas, stattdessen ließen wir uns an der kühlen Luft trocknen. Pfirsich Maracuja Joghurt, eine Banane und dann wieder Kirsch Joghurt. Rosinen und Haferflocken. wir dürfen uns nur nicht erwischen lassen. so schön dünn waren wir, glaubten wir. nachts nacksch naschen vor dem Kühlschrank, der das Licht gebiert. in dem das Licht seit Jahrhunderten geschlafen hatte. wir schauten den Jungs beim Essen zu. wie sie sich tellerweise Nudeln mit fetter Wurstsoße reinzogen. wie sie Bratwürste inhalierten. wie sie die scharfen Gulaschkanoneninhalte am Wochenmarkt einsogen, wegschlurpten. wie sie beim Fleischer neben dem Schulhof die Frikadellenbrötchen dick mit Senf bestrichen und in drei Bissen verspeisten, verspachtelten. dazu noch eine Cola, natürlich.

20.03.2015, 22:03 Uhr

Jördis Rosenpfeffer

deine leuchtenden augen

deine leuchtenden Augen
& dein süßes Lächeln verbunden
mit deiner schönen positiven
Ausstrahlung

deine Klugheit
dein Beruf
deine Naturverbundenheit

und ich denke,
ich würde vielleicht auch
den Duft Deiner weichen
Schamhaare mögen

darf ich mal bitte
Witterung aufnehmen
während wir nebeneinander
nackt unter deiner - für dich
allein ohnehin viel zu großen -
Bettdecke liegen
& uns still einatmen

leise Wörter zu flüstern
beginnen & unser atmen
allmählich schneller
werden würde

ich kenne auch
diese Esskultur, die
(zu) wünsche(n) übrig lässt.

doch Hauptsache,
es fühlt sich gut,
leicht und richtig an.

18.02.2019, 08:31 Uhr

gespannt, sehne.

ich sehne mich nach dir -
heißt das, jede sehne
ist gespannt auf dich
ihren pfeil abzusenden.

ich sehne mich nach dir,
warte hier auf dich
du kennst mich gar nicht
doch das macht mir nichts.

ich hab viel übung
in geduld
kann innehalten &
sogar schweigen.

16.02.2019, 17:12 Uhr

verliebt

es ist so schön,
dich zu wissen.

jetzt darf ich
an dich denken.

jetzt kann ich
dich vermissen.

bedingungslose
liebe schenken.

und dich vielleicht
irgendwann küssen.

16.02.2019, 10:00 Uhr

iwie

irgendwie hab ich
mit der kippe
die wir uns
geteilt haben
ja schon
deine lippen berührt.

16.02.2019, 22:21 Uhr

nur am Freitag, nach Ermessen.

Ich mache Strick an Deine Hieroglyphen,
damit die fliegen nicht davon.
Und fange an nach Fett zu triefen,
damit ich Deiner näher komm.

Du leckst mich nur am Freitag nach Ermessen
und lächelst keck aus meinen Schenkeln vor.
Wenn ich dich frage: *Was hast du gegessen?*
hauchst du: *Süß-sauer!* in mein Ohr.

Die schöne Sauerei steigt mir zu Kopfe,
denn ich bin eine von den aufgeklärten Fraun.
Ich koche giftig Galle, Malz und Hopfe,
aber was gibt's Schönres, als sich innig zu vertraun!?

29.06.2014

introvertierte perfektionistin

ich überlege, wie ich dich ansprechen soll.
ich überlege, mit welchem satz ich beginne.
ich überlege, bei welcher gelegenheit am besten.
ich überlege, was ich anziehen soll.
um dich am meisten zu beeindrucken.

ich überlege, stundenlang.
ich überlege, tagelang.
ich überlege, monatelang.
ich überlege, jahrelang.
wir sehen uns seltner.
wir werden älter.

meine chancen schwinden.
es geht vorbei.
das leben geht vorbei.
das war dann meine liebe.
ungelebt.

20.11.2017, 18:46 Uhr

Gefühle, Moleküle.

I

Ich hab noch Moleküle
von dir in mir.

Du hast noch Moleküle
von mir in dir.

II

Moleküle von mir
kleben auch an deiner Tür.

Moleküle von dir
gibt es noch immer
in meinem Revier.

(Da kann ich nix für.)

III

Wir haben noch Moleküle
von uns in uns.

10.07.2020, 03:44 Uhr

Trautes Heim

In der Herzkammer, in der sie wohnte, duftete es
nach Seife, Zigretten, Kaffee, Rosenkohl und Sex.
Die Fenster hatte sie verdunkelt, damit es kühler blieb.
Und sie mochte auch das grelle Tageslicht nicht.
Lieber nachtaktiv und nackt allein daheim.

Menschen fand sie sonderbar, doof oder beängstigend.
In ihrem ganz eigenen Rhythmus verbrachte sie ihre
Tage. Schlief viel, rauchte zuviel, trank zuviel.
Aber zu wenig Wasser!

Sehr oft überkam sie die Lust. Nach Nähe, Zärtlichkeit,
Angenommensein, Befriedigung und Ficken.
Sie wollte Witterung aufnehmen und sich jemandem
vertraut machen. Aber es klingelte nie an ihrer Tür.
Auch Post erhielt sie nie. Und viel zu selten,
dass mal jemand anrief.

Sie mochte Schamhaare und war damit schon eine
exotisch-verruchte Ausnahmeerscheinung. Sie mochte
generell das Natürliche, Wilde, Ursprüngliche,
Animalische. Und sie mochte die Stille zwischen
all den Lauten und all dem Lauten.

Kaum jemand vermochte es, sie wirklich zum Lachen
zu bringen. So ein Lachen aus den tiefsten Tiefen des
Bauches. So ein Zwerchfelllachen. - Und sowieso
dachte sie zu viel. Über alles nach.

Gerechtigkeit, Philosophie, Erosion, Seekühe,
Narwale, Weißkopfseeadler oder fliegende Fische.
Sie liebte überbackenen Blumenkohl mit Sahnesoße.
Und sie liebte es, zu lauter Musik zu singen und zu
tanzen. Zu viel zu lauter Musik! Trotzdem klingelte
niemand an ihrer Tür.

>>

Jördis Rosenpfeffer

Wenn sie nicht schlief, tagträumte sie und malte sich die schönsten Orte und Situationen aus.

Sie fotografierte sehr gern. Meist entstanden Fotos mit ganz anderen Perspektiven. Vögel, Insekten, Blumen, Bäume oder Menschen im Gespräch. Sie beoachtete so gern andere vom Balkon aus. Oder in der Stadt. - Sie sah den anderen beim Leben zu. Und machte sich Gedanken.

Sie träumte, dass sie nur unverständlich sprechen konnte, wenn sie den Mund aufmachte. Auch wenn sie schreien wollte in ihren Träumen, verstand sie selbst nicht, was sie rief.

Sie ging gern spazieren. Ohne Ehrgeiz, ohne sportlichen Anspruch, ohne Hast und Ziel. Sie lief einfach los und entschied den Weg im Augenblick. Könnte sich ja ein Bier holen gehen. Oder ein Eis. Ihr Tabak ging zur Neige. Also vielleicht Richtung Tankstelle.

Wenn sie aber unterwegs war, sprach sie unvermittelt Leute an und fragte irgendwas oder bezog sich auf das Gespräch, das sie beim Schauen aufs Wasser gedankenverloren mitgehört hatte. Dann sprach sie manchmal sogar laut aus, was sie dachte. Und gleich war es ihr ein bisschen peinlich.

Aber sie hatte nie schlechte Erfahrungen mit dem Ansprechen gemacht. Sie war eloquent und freundlich, lächelte gern Menschen an. Und das kam gut an. Dennoch hielt sie sich für schüchtern. Sehr schüchtern, wenn es ihr wirklich ernst war.

Sie aß zu wenig und zu unregelmäßig. Nach Sauerkraut juckte ihr die Möse. Also blieb nur ein schnelles Müsli gegen den Hunger, der sie wütend machte. - Zusätzlich wütend machte zu all dem Zeugs, das in der Welt passierte. Vollkommen unverständlich für solch ein sensibles Seelchen.

Wechselwarmes Duschen oder Kiffen half, aber auch das nicht immer. Auf nichts war wirklich noch Verlass!

Sie redete mit ihren Pflanzen., um ihnen zu erklären, dass sie ihn nicht weh tun wolle. Sie hatte sich mit den Tieren angefreundet Krähen, Spatzen, Meisen. Sie wartete bis die Welt explodierte sie wartete bis zum nächsten Urknall ist das bis es im Ohr richtig laut knallte sie kümmerte sich regelmäßig um Ihre Pflanzen und ging regelmäßig und ging fast täglich zu ihrer Freundin, dem Fluss.

Sie entdeckte viele Gemeinsamkeiten mit ihren Pflanzen. Auch sie hatten Triebe, Knospen, Samen, brauchten genug Wasser und wenn etwas an der Wurzel nicht stimmte, würde es auch mit dem Erblühen schwierig werden.

27.07.2020, 10:39 / 11:12 / 16:32 Uhr

dichtung@wahrheit

Der Tag danach
roch irgendwie
nach Zimt.

Schmeckte auf
allen Papillen
nach Zimt.

Ließ mit
allen Sinnen
puren Zimt
erahnen.

Ausgesprochen,
würzig unsere
Zungenmuskelkater.

Und Zucker
war Melancholie
und Manie.

Dieser Tag
war Zimt.

22.02.2019, 13:13 Uhr

Meiner ersten großen erfüllten Liebe

I

Ich bin damals über drei Stunden
lang entlang der Bahnstrecke
durch die ganze Stadt gelaufen,
um zu dir zu gehen und nachts
halb vier so lange Steinchen
an dein Fenster zu werfen,

Bis ich dich wecken konnte
aus deinen Träumen von uns
und du mir dann doch endlich
die Tür geöffnet hast.

II

Als ich dann in deinem vorgewärmten
Bett mit Deinem Duft lag,
kam dein Vater, der uns
durch das Knarren der Treppenstufen
bemerkt hatte und vorher klopfte, rein,
und meinte barsch: *„Aber morgen früh
um sieben bist du wieder weg!"*

III

Deine Küsse, Umarmungen
und zarten Brüste waren
meine schmerzenden Füsse
und viel mehr und all das wert.

Und ich erinnere mich bis heute.

21.03.2020, 20:02 Uhr

Algorithmus, fraglich.

Also, der Algorithmus
sagt, wir passen wunderbar
zueinander.

Nun frage ich mich,
ob er wirklich
mit allem gerechnet hat.

Denn Du meldest
Dich nicht.

29.06.2019, 07:56 Uhr

Turmzimmer, Glas

Ich lebe oben im Glasturmzimmer,
das die Krähen umkreisen.

Darf mich nur ganz vors ichtig bewegen.
Bin die Glasknochenprinzessin.

Hab einen weiten Horizont.
Und grandiosen Ausblick.

Dreihundertsechzig Grad.
Bin ganz zart.

In durchsichtigen Tüll gehüllt.
Niemand weiß, was ich je gefühlt.

Niemand weiß, was ich nicht weiß.
Das weiß nur ich.

Glas und Weiß und echter Marmor.
In meinem Kopf werden

All Eure Träume geboren
und bleiben gut geborgen.

Und ach: Manchmal
scheißen sie mir aufs Dach.

20.01.2017, 17:46 Uhr

was ich wissen will

wie du atmest
wenn du schläfst
was du magst
und wo du lebst

womit du dich weckst
und wie du dich streckst
ob kaffee oder tee
im sand oder schnee

was du gern hörst
und was du mitsingst
worauf du schwörst
und übelst gern trinkst

worüber du lachst &
warum du weinst
was du liebst
und was du verneinst

was du gern isst
und was du vermisst
und was dich dazu gemacht hat
wer du jetzt bist

wie du riechst
und wie du schmeckst
wie du stöhnst
und wie du leckst

und wie du am liebsten
geküsst werden willst
an den stellen
wo du deine lüste stillst

und so vieles mehr
(das gehört nicht hierher ??)

30.11.2019, 00:16 Uhr
09.01.2020, 18:12 Uhr

zuneigung, zeichen der.

einen augen blick

ein nahe zu gehauchter kuss
eine berührung der hände
mit fingerspitzengefühl.

der grashalmspitzen

zarter triebe
angezupft inmitten
mönschgrasmückengesangs.

frischer drehtabak
wie schamhaare
zwischen den lippen

entzündet.

21.03.2019, 11:15 Uhr

arm & selig.

komm, lebe mit mir minimal.
lebe mit mir von
der hand in den mund.

nur das nötigste:
aber liebe mich maximal.

liebe mich mit haut und
haar, hand und mund.
matratze, kühlschrank,
stehlampe, toaster.

nimm mein geschlecht
aus der hand in den mund,
bis wir sterne sehen
und im himmel schweben.

und leck mich endlich
unendlich am arsch.
(das darf bei mir nicht jeder)

wie uns das frühstück
duftet nach freiheit.

was machen wir heute? -
wir machen einfach da weiter,
wo wir aufgehört haben.

26.06.2016, 14:34 Uhr

Jördis Rosenpfeffer

strudel, verstopft.

liebe ist, ihren
mit ihren wilden haaren
verstopften abfluss
mit ihrer goldenen häkelnadel
zu reinigen,
während der dusche danach

26.06.2011, 23:58 Uhr

Liebe in Zeiten von Corona

I

ich schick dir meine Arme per Post
und du packst sie aus & sie umarmen dich
so fest und so oft wie du möchtest.

ich schick dir meine Zunge per Post
und dann mach damit was du willst
und dann schick sie mir zurück.

dann weiß ich: schmeckst du
scharf, zartbitter, edelsüß
oder gar nach Honigglück.

und wenn du magst schick ich dir
meine Lippen, die können dann
deine Tränen wegnippen.

und nichtzuletzt schick ich dir
meine Hände, damit ich deine
Sehnsucht nach Berührung beende.

aber vielleicht können am Ende
Worte mehr berühren als Hände

II

an diesem Gedicht muss ich noch feilen
ich will mich aber dafür nicht beeilen
es kam mir gestern in der Nacht -
da warst du noch lange wach.

(vielleicht traurig und schwach,
voller Weh & Ach)

04.05.2020, 14:56 Uhr

Jördis Rosenpfeffer

kein gedicht.

und dann liegen wir da
mit unserm geschlecht.

der eine mit gemös,
der andere mit gemächt.

und einer weiß es
nicht so recht.

und wollen doch
alle nur
nähe.

23.12.2017, 04:50 Uhr

licht, jahre.

ich umrunde dich nun schon
hunderttausend jahre.

und für jede bewegung brauche
ich eine ewigkeit.

jeder gedanke an dich raubt
mir den vorletzten nerv.

ich schliesse dich ein
in meine stille.

und meine gebete
und meine stillen gebete.

auch die zärtlichen persischen pfirsiche
üben sich in geduld.

so lege ich mich wieder hin,
ich lege mich wieder hin.

und flüster' in die stille:
„*ach, komm zu mir zur ruhe!*"

15.04.2015, 17:03 Uhr

Jördis Rosenpfeffer

die reste der nacht

mühsam müde aber überglücklich
schlaftrunken zusammengeklaubt
am morgen danach
duften wir noch nach uns.

an allen möglichen
und unmöglichen
und unnötigen
körperstellen.

aus mehreren lagen
deiner weißen laken
frisch ausgewickelt in unsere
vollkommen(e) entblößte nacktheit.

ich tauche die
noch vor erregung zitternden
fingerspitzen in den von dir
frisch aufgebrühten kaffee.

schwarz & stark,
denn du bist schon
der zucker und einfach
allererste sahne, baby!

04.06.2019, 06:29 Uhr
21.08.2020, 17:47 Uhr

falter, nacht.

I

ganz bestimmt
hast du
all meine
wörter & worte
aufgesaugt.

wie ein
zitronenfalter
gelber schwamm
den nektar aus der
blüte.

ich aber
konnte mir
kaum etwas
merken.

hab dir einfach
zugehört &
dich dabei
angeschaut.

II

und du hast genau
die richtigen
fragen gestellt
auf die ich

keine
antworten
schwarz.

25.03.2019, 08:20 Uhr

Hey, Du darfst einfach sein.

Du wirst bedingungslos geliebt. Einfach, weil Du da bist. Du musst nichts erreichen, um geliebt zu werden, musst nichts beweisen, brauchst niemandem gefallen. Du darfst glücklich sein. Musst nichts leisten oder bestimmtes Wissen haben.

Dein Maßstab ist in Dir, nicht irgendwo außen. Du bist der Mittelpunkt Deiner Welt. Und weil Du Deinen Weg gehst, kann es auch nicht der falsche sein. So gesehen gibt es auch keine Fehler, denn nur im Außen gibt es richtig und falsch. Es gibt Herausforderungen und Lektionen, an denen Du lernen und wachsen kannst.

Mach, was Du gern machst, mit all Deiner Kraft, Liebe, Geduld und Ausdauer, dann wird das schon. Und wenn Du mit all dem, was Du tust, nur einen anderen Menschen erreichst, ihm ein kleines bisschen Freude, Mut, Kraft, Hoffnung gibst, dann ist das viel. Das reicht schon. Zum Beispiel mit einem kleinen Text wie diesem.

Sonne Erde Mond Kopf

Stell Dir unsere Sonne vor
Stell Dir unsere Erde vor
Stell Dir den gütigen Mond vor
Stell Dir den Ozean vor
Tief, weit, dunkel, unergründlich

Stell Dir eine Riesendisco vor
Mit all den Tanzenden, den DJs, den LJs
Mit all den Lampen, Boxen, Bässen

Stell Dir Deinen Stadtpark vor
Hast Du die Grashalme und Bäume gezählt

All Deine Ängste, Sorgen, Probleme
All Deine Gedanken, Verletzungen, Trauer
Deine gesamte, verdammte Vergangenheit
Sind nur in Deinem Kopf
Sind nur in Deinem Kopf
Sind nur in Deinem Kopf

Außerhalb Deines Kopfes ist absolute Freiheit
Außerhalb Deines kleinen Kopfes ist absolute Frechheit
Außerhalb Deines Walnußhirnkopfes ist seliger Frieden
Außerhalb Deines Erbsenkopfes ist alles möglich
Außerhalb Deines Stecknadelkopfes bist Du frei

Ach, Dein kleines Köpfchen
Schau über Deinen Tellerrandkopf
Und beginne einfach neu

(We wanna survive)

30.11.17, 12:13 Uhr

Jördis Rosenpfeffer

Horndrossel, frischgeschlüpft.

Ich bin die geborene Horndrossel,
das Klüngelweibchen, der Fittichmann.

Ich bin auch dein ungeborener Kuß,
für das Mädchen, das jeden Tag
unter Deinem Fenster vorbeigeht.

Ich bin dein Lippenspecht,
der Herpesbläschen liebt.

Und bin ich etwa auch Dein Frühstücksuhu,
der die Nacht zum Tage wacht?

Ich bin die gebogene Kellerwanze,
Deine Badeckenspinne, Dein taumelkrümelndes
Küchenfaultier.

Ich bin die Tagesschau,
die in deinen Ohren klingelt und auch
das ranzige Gelaber der Nachrichtensprecher
im Radio.

Ich bin das Fegefeuer deiner Masturbation,
die übersüße Sauerkirschkonfitüre.

Ich bin die Fusseln an deinen Lippen,
die du dir aus Liebe geredet hast.

Auch bin ich der ausgetrocknete Swimmingpool voll
mit deinen Ideen, die die Welt verändern wollten.

10.04.2016, 19:36 Uhr
05.07.2016, 14:34 Uhr

Pustekuchen

I

Zu deinem Geburtstag
dir Einen blasen,
und dann plötzlich
loslassen.

Du stotterst, schnatterst
durch die Luft, wie
ein Ballon, bei dem man
vergessen hat,
einen Knoten zu machen.

II

Schlaff liegst du da,
nur noch Deine bunte Hülle jetzt.
Und das Mundstück feucht.

III

Ich knie noch vor dir,
es hätte so schön werden können.
Doch in dir nichts als heiße Luft.

06.01.2016, 16:24 Uhr

weiter weg

wie dein gemös jetzt riecht,
nach frischem gras.

dass ich kaum zu träumen wagte,
dass ich fast vergaß.

dass im gebrumm der hummeln
tiefer schnitt.

dass du weit weg gewesen,
und ich nicht mit.

dass wir uns durchgefickelt
in süßer lust.

dass uns der alltag trennte,
streit, blei & frust.

dass uns früh nebelfelder
umher irren ließen in der flut.

dass du bei mir gesaugt hast,
und ich züngelte die fut.

(weiteres Beispiel für die Variation eines Themas)
20.06.2016, 16:32 Uhr

Wie es ist

I

Ich klemme hier fest
zwischen den Zeilen.

Ich sitze rutsche klebe hier
zwischen den Stühlen.
(Ohne Lehne.)

II

Ich klemme hier echt fest
zwischen den Worten und Buchstaben,
zwischen den Abständen und Absätzen,
zwischen dem Unausgesprochenen
und dem Unaussprechlichen.

III

Ich hab mich
eingeklemmt
in deinem

Schweigen.

IV

Ich bin
total
verklemmt.

12.07.2019, 08:04 Uhr

waldrand, neblig.

setz mich doch
aus wie ein
reudiges

tier ich werde mich
dennoch nicht
zu weit

fortwagen

von dir
will deine
witterung behalten

die spur
niemals wieder
verlieren

was ganz.

was ganz zartes
was ganz feines
was ganz unschuldiges

was ganz intimes
was ganz sinnliches
was ganz übersinnliches

was ganz inniges
was ganz großes
was ewiges

was herzliches
was vollkommen irrationales
was ganz unbeschreibliches.

11.07.2019, 11:04 Uhr

Jördis Rosenpfeffer

Versuch, kläglich.

Vertraut.
Haut an Haut.

Zweifels ohne.
Zweifel los.

Arm in Arm.
Echt und warm.

Ineinander.
Vers chlungen.

Ohne Sorgen.
Geborgen.

Das Glück.
Im Schoß.

Nackt.
Bloß.

30.07.2019, 14:17 Uhr

Neuland, vermessen.

Wie gern würde ich
eine ganz genaue
Landkarte Deiner
Leberflecken erstellen.

Mit allen Höhen,
Ebenen & Tiefen.
Und allen Punkten
zum Innehalten.

Und weitere Details
erkunden. Und bisher
unentdecktes Terrain
entdecken wollen.

Diese würde ich dann
sorgfältig gefaltet in
meiner linken Herzkammer
aufbewahren.

Für immer.

Nur für
den Notfall.

10.03.19, 11:13 Uhr

Eine dieser Nächte

Dies war eine dieser epischen Nächte, in denen du nicht schlafen konntest und Hunger hattest und es draußen grau und regnerisch war. So wunderschön grau und regnerisch.

Eine dieser epischen Nächte, in denen die Gedanken sich wie Spiralen in deinem Kopf verspannen, vom Hundertsten ins Zehntau-sendste, die geheimsten Wünsche und leisen Träume aufwirbelten.

Eine diese epischen Nächte, in denen du Radiohead, Johnny Cash und ganz leise deinen Lieblingsoldie-sender hörtest mit dieser wunderbaren Stimme und dieser wunderbaren Moderatorin, dessen Namen du jetzt gerade vergessen hast. Romy Anders war er nicht, diese Moderatorin hieß anders.

Ich musste lachen, als sie sagte, dass dieser Song nichts mit Kartoffeln zu tun hat, sondern mit einem südafrikanischen Tanz. Den Namen der Sängerin habe ich auch vergessen, aber diese Ansage war sehr angenehm in dieser Nacht.

Dies war eine dieser Nächte, in der du dir vorstelltest, wie wir mit unseren ungefähr gleichalten Töchtern zur Feuerstelle radeln und dort Drillinge überm offenen Feuer kochen würden, auf einem Topf, der natürlich keine Henkel aus Plastik haben darf. Dazu Kräuterquark frisch angerührt mit Leinöl und Dill. Die laue Abendluft und ein schöner Weißwein.

Und die Mädchen spielen im Wald und erfinden immer neue Spiele. Irgendwann würden wir uns an der Glut des Feuers küssen. Du klebst an meinen Lippen, wenn ich Geschichten erzähle. Mir reicht es, wenn ich dich einfach nur anschauen darf.

Und während wir uns gerade küssen möchten, schauen die Mädchen zu uns hin und giggeln.

Dies war eine dieser epischen Nächte, in denen du genau 3:33 Uhr auf das Display deines Smartphones schautest.

So eine Nacht, in der du dann doch überlegst aufzustehen, den Fernseher anzuschalten und noch irgendwas mit viel Fett zu essen und dazu einen schönen kalten Kakao. In denen du wach bleiben würdest, bis es hell wäre und die Stadt erwacht und du dann erst ins Bett gehen würdest. Die Jalousien runter, um das Licht zu dämpfen und die Fenster zu, um die Verkehrsgeräusche zu schlucken, und dann einfach nur für dich müde und glücklich ins Bett legst, während die anderen im Takt (und nicht in ihrem Rhythmus) den Tag verbrachten.

Und da war es auch wieder: dieses mysteriöse Klopfen in der Scheuerleiste, dass dich manchmal schon hat aufstehen lassen, um nachzuschauen, aber du bist bisher noch nicht hinter dieses Geheimnis gekommen. Wohnen dort Tiere? Oder ist es vielleicht eine Spannung im Material, die sich langsam entlädt? - Ach, du denkst schon wieder viel zu viel nach!

Aber das mit dem Denken ist wie mit der Liebe: Du hast es nicht unter Kontrolle, wie viel du denkst und wie viel du liebst und wann du dich verliebst und in wie viele du dich verliebst und wie oft du dich verliebst und ob du dich überhaupt verliebst und ob du dich selber lieben kannst und ob der Mond heute voll ist oder schon wieder abnehmend und ob der Regen sich in Unschuld waschen kann und ob überhaupt...

Und als der Song von Ten Sharp „You" läuft, hast du den verrückten Gedanken, diesen hier spontan diktierten Text per E-Mail an die Moderatorin im Radio zu senden. Einfach so als etwas verlängerten Gruß in eine dieser epischen, schlaflosen Nächte...

22.02.2019, 04:02 Uhr

teufelsberg, federnd.

I

gemacht aus trümmern
auf sand gebaut
tanz auf dem vulkan

die zerissene kuppel
mit weitblick
die antennen ausgefahren

wo weiße weise krähen
nach futter trachten
offen für alle infos

II

wo hufeisennasen nisten
mitten im neuen podcast
download frischer gefühle

den kopf verdreht
im dreivierteltakt
unseres balztanzes

bis auch wir irgendwann
den hals nicht voll kriegen
& federn lassen müssen

III

arhytmisches bauchgrummeln
gefedert & geteert
geliebt, geküsst, begehrt

wenn wir flockenumwirbelt
schneeeulendokus gucken
& wie eisbären heiraten

auf der suche
nach zartem lachs
im klaren fluss

IV

auf der höchsten erhebung
über allen ebenen
bebend, nahezu schwebend

vielleicht
allzuleicht
gedacht

04.09.2019, 15:41 Uhr
05.09.2019, 10:37 / 10:56Uhr

aus dem Zyklus "Mein intimes Berlin"

nicht, lieber.

I

ich frag dich
lieber nicht,

behalte lieber
meine wundervollen
illusionen von dir,

bevor du mir
womöglich noch
meine schillernd
leichten seifenblasen
mit deinen (ant-)worten
zerstichst.

II

bleib lieber tagträumer
& nach(t)denker,
so wie so.

19.07.2019, 12:38 Uhr

Was wirklich wichtig ist

Vor mir liegt meine Tochter
Im Hinterkopf ein Stapel Manuskripte
Dreieinhalb Monate
Dreihundert, unbeantwortet, mindestens.

Die neue Steuererklärung
Neben dem Schnuller
Heute der zweite Kaffee
Zur Beruhigung
Sie möchte mir beibringen
Im Moment zu sein.

Ich höre nicht richtig zu
Mit den Augen streiche ich
Durch ihre weichen Haare
Sie gluckst mir ein Lächeln entgegen
Weil ich es bin.

Das ist der einzige Grund.
Wer hat mir schon jemals
So viel gegeben
Für so wenig.

Ich gelobe zu lernen und
Aufmerksamer zu werden, Töchterchen.
Mein Atem riecht nach Kaffee
Nichts ist wirklicher als du
Nichts wirklich wichtiger.

Du kannst mir vielleicht noch helfen.

05.02.2008, 11:04 Uhr

Versbrecher

Wenn Du jetzt nicht
sagst: Ich bleibe

Werde ich
Eine Sage bleiben.

08.07.2006, 07:23 Uhr

Zusammen(H)alt

Laß uns zusammen -
Laß mich Dir zum fünfunddreißigsten Mal
Deinen Wohnungsschlüssel nachmachen
Mich Butter auf Deine Latschen schmieren
Und jeden Tag Zuckerkuchen kaufen
Vormittags und nochmal
Zum Kaffeetrinken um vier

Laß mich Deine dicken Beine massieren
Jede Woche einmal
(Sonst tut mir der Rücken weh)
Und Du wirst mit großer Lust
Meine Unterhosen bügeln
Und Stofftaschentücher
Wir feiern dann unser 20292. gemeinsames Frühstück

Du hilfst mir aus der Badewanne
Und dem Ohrensessel
Ich kämm Dir Deine langen Silberhaare
Und manchmal gehen unsre Herzen ganz schnell
Denn dann küssen wir uns
Wie in Altenzeiten.

05.02.2008, 10:25 Uhr

#feuerzyklus

ich möchte ach

ich möchte nach feuer
riechen im haar,
wenn wir zum nahschlaf
in unsern bauwagen steigen,
das noch weiterbrennt
in uns.

ich möchte, ach,
unserm alten hund
das wasser reichen können,
wenn er nicht schlafen
kann, nachts vor lauter
lebensmüdigkeit.
sich im kreis dreht,
seinen platz zu sichern,
wie du.

SMS an die Liebste, 27.04.2011, 04:42 Uhr

feuer, antrag.

ich möchte an deinen socken
riechen, wie sie duften, als
im stockdunkeln der fuchs
auf dem feld nach mir trachtet,
mich erinnern.
ich vers.tehe kein wort,
außer deinem namen.

SMS an die Liebste, 27.04.2011, 04:49 Uhr

glut, nachtrag.

ich muß das feuer doch
am laufen halten, immer
etwas nachlegen, süße,
sonst drohte es
zu verglühen, bis es
uns langsam dämmert, wenn
die nebel steigen.

SMS an die Liebste, 27.04.2011, 04:46 Uhr

liebe, alltag.

bitte koch alle
kartoffeln, die du noch hast.
ich komme, dich zu schälen
und mit dir den mond
anzupellen.

06.05.2011, 17:05 Uhr

dicke tropfen klatschen

dicke tropfen klatschen
wo die taubnesseln blühn.

ich kann es nicht mehr hören
und will mich nicht bemühn.

/

die fetten spinnen spannen
ihre netze über lichter

und nachts spazieren einsam
durch leere parks die dichter.

/

zum motten schlucken
und zum verse filtern

beim mit dem kopf
durch wortgestrüppe wildern.

/

und raucht zur heilung gras -
wie schwindlig mir wird

jeden tag ein bisschen was,
weil unvernunft vor augen flirrt.

04.08.2015, 23:36 Uhr
24.09.2020, 19:10 Uhr

aus deinem mund gefallen

ich schlafe hier
in deinen hieroglyphen.
die zeichen knirschen,

kann dich nicht
entziffern,
willst mich prüfen.

und wälze mich
in deiner
einsamkeit.

wide lonelyness &
masturbiere öfter,
als der tag hat zeit.

bin längst bereit.
doch weiß nicht,
wo es anfangen soll
und wo es endet.

und von wo aus
der engel seinen
pfeil versendet.

03.08.2015, 16:10 Uhr

schon bald oktober

unsere ungezähmte nähe
im verwilderten garten
inmitten quittennebels
mondmundgeäst.

deine feuchten träume
spreizen gedanken weit
die bahn verkürzenden birnen
unserer übersüßen mostnacht.

die schweren quitten leuchten
wie entzündete glühbirnen nach
dem ergiebigen dauerregen
ende september noch am baum.

lass uns hier & jetzt
an diesem zufluchtsort
die kostbarkeit der letzten
knospen auskosten.

27.09.2020, 18:48 Uhr

höre mit mir

höre mit mir,
höre, was die augen nicht
zu sagen haben; diesen duft
auf den eingemeindeten zungen,
wie der pollen, der bleibt
an den weggetrockneten
pfützenrändern
als maibaum der sinne,
wenn du nicht schlafen kannst.

SMS an die Liebste, 03.05.2011, 03:50 Uhr

nachtrag, hand holz & werk.

I

ich möchte mit dir am feuer sitzen im haar.
ich möchte mit dir haut und haar.

ich möchte dein feuer, mit haut und haar.
in der poesie ist alles möglich.

ich möchte deine glut entfachen. im haar.
ich möchte dir feuerrotes haar erfinden.

deine hände um haaresbreite
am feuer entfacht.

II

ich möchte mit meiner alten hand
unseren alten hund streicheln (unspektakulär).

ich möchte mit deiner alten hand
meinen alten hund streicheln.

ich möchte mit meiner alten hand
unseren alten hund streicheln.

III

meinen arm um deine schulter legen
deine schuld ablegen
mit hilfe meiner armseligkeit

IV

ich niste
in deinem haar
mit hand und mund
neben unserm alten hund.

so dass deine augen leuchten,
funken sprühn :
feuer, holz & werk.

V

ich werde dich aus der glut nehmen
und mir damit die angst,
die du niemals hattest.

12.09.2014, 19:50:07 Uhr

Feuer im Kopf

bin ich allein
fühl' ich die Musik
atme ein und atme ein

sehe deine Federn fliegen
deinen Brustkorb gehen
& wie dein Rücken sich verbiegt

dieses leise Reisig unterhalb
will ich entzünden entfachen
anfeuern flackern sehen
lodern brennen glühend ersteigern

dann übergehen wie ein Fakir
besteigen erobern feiern steigern
blau weiß giftig grün
fordernd halten spür'n verweigern
glutrot purpur tieforange aufglühn

lauter leise Ritzenblitze
berühren küssen anprobieren
deine Nervenästchen elektrisieren

inmitten des Knisterns
verglühen schwanken rauchen sehen
wie weiße kalte Asche dich umgehen

zucken züngeln schüren
erneut neunmal entfachen
und so Sachen mit dir machen

Hände wärmen Abstand halten spüren
Funken sprühen neonrot erglühen
dich zur Weißgut treiben
dort 'ne Ewigkeit verbleiben

lodernd zaubernd
uns bezaudern
Lungenflügel tief zig blähen
Späne Funken Schwarzlicht sehen

uns irgendwann vermissen
und ins Feuer pissen
zischende Gischt
vom Harnstoffnebel

dich vielleicht sogar verstehen
uns vor Lust verglühen sehen
in deiner Asche untergehen
atme aus atme aus atme aus und aus

gelöscht.

zungenspiele

I

ich erinnere mich
an diesen trockenen sommer.
wir gingen einfach weg.

ich und dieses feine geschöpf,
das mich angemessen wundervoll
glücklich machen konnte.

wir spreizten den lebensweg
in mehr als all seine möglichkeiten.
ihre weiche haut

machte mich schwitzen.
sie liebte den geruch
meiner gedanken, den nachgeschmack
unserer wunschträume.

ich war gelehrig unter ihrer zunge.
wir waren nicht
auf unsere münder gefallen.

II

die schweren brombeeren
das zarte, das erdige
querfeldein
die verdorrten triebe,
liebe.

komm in mein erdreich -
ich sagte allen,
du seist sehr hübsch :
sie lächelten wissend.

Notiz, zischend

I

Ich möchte am Feuer
meine Beine ausstrecken

Ziegen Schafe Zerstreuung
Laufenten Katzen ein Hund

am hochlodernden Feuer mit Dir
an Deinem entfachten Feuer
die Glut den Mut die Lust schüren
so dass die fettesten Funken sprühen

die Baumkronen leuchten
deine Augen funke(l)n
im Mund wie Brausepulver
Deine Zunge ablecken

& dann im aufsteigenden Morgennebel *(-grauen ?!)*
in die glimmenden Reste pissen,
dass es zischt & anständig stinkt!
(Ammoniak)

vielleicht auch
ein paar Hühner

II

Dichter, Rauch.

und dann fragst du mich,
was das soll und ich sage: »Ja!«

III

Oder doch besser :
ausglühen lassen:

16.06.2015, 18:29Uhr
19.07.2019, 12:56 Uhr

#feuerzyklus

glutnester, abseits.

oh wolf,
nahe der feuerstelle.
heule ihren euligen namen.
wittere sie.

ihr haar.
ihren schwitz im duftschritt.
ihr nachtnebelfrösteln.
ihre angst?

ihr zähneklappern.
ihr zartes zittern.
meine leisen bisse.

22.12.2016, 05:59 Uhr

zwei kaputte

ich hab hier
zwei kaputte feuerzeuge

das eine mit einem feuerstein
schlägt immerhin noch funken

wie bei einer wunderkerze
hoffnungslicht im neuen jahr

aber was nützt mir das
ich kann nicht mehr entflammen

kann nicht mehr brennen
kann das feuer nicht entzünden

die friedenspfeife
den tabak und das kraut

einatmen oder gar unser
lager mit feuer erwärmen

ich schlage nur noch funken
mir fehlt aber der zündstoff

/
das andere enthält noch
brennbare flüssigkeit

lässt sich aber
auch nicht entzünden

/
möchtest du gemeinsam mit mir leuchten?
denn zwei kaputte können ein ganzes sein!

komm, halten wir uns zusammen,
dann enstehen neue flammen.

18.08.2020, 22:59 Uhr

wesentlich

fast
zu ruhig, sagst du

während hinter dir ein marder schmatzt
irgendwo ein käuzchen ruft

das feuer lodert
dein herz knistert

das blut
in den bäumen

die säfte brodeln
knospen platzen

leg nach
sei ganz still

01.05.2013, 22:10 Uhr

feuerzyklus, vorerst letzte verse.

die flammen längst erloschen,
die glut auch schon verglommen.

die weiße asche
weit verweht.

du ahnst vielleicht,
wer hier noch steht.

ich weiß, wer jetzt
schon weiter geht.

denn der wind
hat sich gedreht.

für dich kein hahn mehr
nach mir kräht.

20.05.2019, 08:54 Uhr

und ich hole mir aus dem kleinen Laden

und ich hole mir aus dem kleinen Laden nebenan noch eine billige Flasche Rotwein. als Erinnerung an Dich meine blutigen Tränen weine. und dann im Kopf die Beruhigung und die flotten Verse über die ich selbst noch lachen kann. und am Montag drucke ich meinen Kopf aus. und Hefte den ganzen Kladderadatsch in etlichen dicken Ordnern ab. du sagst dazu nichts wenn ich friere und am Donnerstag am Donnerstag werde ich regelmäßig meine Psychologin besuchen und ihr kleine Gedichte aufsagen. sie schüttelt sich innerlich wie ein frisch gebadeter Hund und beginnt sich in mich zu verlieben. doch ich kann ihre Liebe nicht erwidern kann ihr keinen Halt bieten denn mein Herz liegt noch in deinen Händen und pulsiert und schlägt denn ich hatte ja gedacht das ist jetzt für immer. und so geh ich gern zu Dir wenn du kochst dass du mich lieben tust / was du mit Liebe tust und davon ernähre ich mich. und ich esse so gerne deine kalten Reste. wenn du mir sie nur an die Tür hängen würdest. ich wäre zu allem bereit. die Reste aufzuwärmen sogar. doch du willst in Erdhöhlen wohnen nah der Natur und möglichst weit weg von dir. ich weiß nicht mehr wie man Liebe buchstabiert. und wieder beschließe ich mich selbst in den Schlaf zu summen mit einer seltsamen Mischung aus Geilheit und Wehmut, Gewürznelken und Pfeffer, sowie Hautresten und zärtlichen Erinnerungen.

13.11.2014, 20:51 Uhr

der dünne Mann

der dünne Mann schläft lange; solange bis der Waschsalon nicht mehr preiswerter ist. der dünne Mann streckt sich lange und gähnt. der dünne Mann duscht lange, sehr lange, bis er schrumpelig ist so lange. der dünne Mann schaut lange, hält lange inne. der dünne Mann hat einen guten Vollbart. der dünne Mann holt sich Milch von gegenüber. der dünne Mann frühstückt am Mittag sehr lange und trinkt einen großen Kaffee. schlürft lange an seinem Kaffee. der dünne Mann bleibt dennoch durstig. arbeiten kann der dünne Mann nicht, kann nur Quatsch sich ausdenken. der dünne Mann kratzt sich oft und macht Hautschnee dabei. der dünne Mann geht lange spazieren. der dünne Mann möchte in andere Länder wandern. der dünne Mann träumt und ißt Kuchen. der dünne Mann guckt in die Luft. der dünne Mann mit Bart hat die Vorhänge zugezogen. der dünne Mann guckt lange Fernsehen um sich abzulenken von seinen ewigen Gedanken. der dünne Mann geht ein bisschen einkaufen. der dünne Mann trink noch einen Kaffee. der dünne Mann beobachtet die merkwürdigen Homo smartphonicus mit den Schweinenacken. Kein Bier ist auch keine Lösung.

03.02.2015, 12:58 Uhr

Jördis Rosenpfeffer

ich träume davon

ich träume davon
wie es wäre mit dir zu schlafen.

ich träume davon
wie es zu schlafen mit dir wäre.

ich wäre mit dir
zu schlafen davon.

ich schlafe dir
davon zu träumen.

ich wäre davon
zu dir träumen mit dir.

ich schlafe mit dir
zu den träumen.

ich träume zu träumen
mit dir im schlaf.

ich,
schlaff im schlaf.

(die sehnsucht
hüt die schaf.)

21.06.2014, 15:01 Uhr

augusttage, verwittert.

diese augusttage
benehmen sich wie
ein schlampiger herbst

meine tollkirsche glüht
seitdem du gegangen
nie wieder eine nacht
nur allein

ich, nun seit dreieinhalb wochen
in ein nasses handtuch gewickelt
rieche nach nassem beton
beim abriß

meiner selbst. ein unauffälliger tumor
neben der zirbeldrüse, viel & leicht
fällt mein stolpern
mir nicht s
dir nichts

diese jungfernhaut spannt sich
wie ein gewölbe
über mein sinnloses verstecken

hingegen der juli
eine vergewisserte serenade
des festrauschens

mit stöckchenholen
saufen und
ersaufen in poesie

ich kann dir
nicht sagen
wie
sehr

19.08.2014, ab 20 Uhr, [verse] unter der dusche gekommen

Jördis Rosenpfeffer

ich beschließe ich werde etwas essen

ich beschließe ich werde etwas essen und danach
werde ich schlafen nein ich werde lesen und dann
werde ich etwas essen. ich werde lesen im Schlaf und
Essen beim lesen. ich beschließe zu sein und Kakao.
ich sage einfach so nicht und esse. dann schlafe ich und
schlafe lange auch ohne Tropfen von Baldrian. und
dann dusche ich und so ist mein Tagesauslauf. und
dann gehe ich Freitags auf den Markt der Eitelkeiten
und esse eine knackige Bockwurst. eine bockige
wässrige Bockwurst mit Senf wie sie üblich ist. für
einen heroischen Euro. wie sie üblich ist in
BaustellenPausenContainern. dazu ein Kilo frisches
Hack. und Kaffee schwarz. und samstags gehe ich auf
den Markt von floh und Trödel und trödel da rum und
schaue und bereit für alles und greife alles an und
kaufe nichts. doch ich kaufe fettige Pommes und
Kaffee schwarz und frisches Holzofenbrot das fresse
ich nicht selber sondern verfütter es an die gut
gesättigten Dönerkrähen. bis mir das Stöbern zum Hals
raushängt wie der Pimmel eines Exhibitionisten aus
seiner Hosen Schlitz. der Senf schön scharf. schön
scharf wie das Getrudel im Rudel der Herbst Drachen
im Elbwiesen Wind. und ich mache mich nicht
lächerlich aber ich lächle die ganze Zeit. und dann
beschließe ich etwas zu essen oder ich schlafe oder ich
esse im Schlaf und Träume vom Lesen.

13.11.2014, 20:24 Uhr

Nabelschau

Am späten Nachmittag reiben wir
uns den Schlaf aus den Augen
wie Kuchenkrümel aus tiefen Tellern.

Durch Bäume im Hof geht
unschlüssig der Wind;
die Wolken hängen tief.

In deinem Nabel suche ich
das letzte Fusselchen Glück -
es schmeckt lustig.

Wir taumeln wie Fruchtfliegen
benommen durch den Rest des Tages
wie um eine Neige Rotwein.

Riechen noch nach Sex,
aber das reicht hier nicht
mehr lange zum Aushalten.

Vielleicht hilft uns laute,
basslastige Musik zum Übertönen
unserer beider Schweigen.

Auf den Schenkeln des Flusses
sollten wir lieber spazierengehen -
dem Untergang entgegen.

Steck uns eine an,
entzünde uns,
atme uns durch.

28.09.2019, 18:04 Uhr

Offener Brief an junge Menschen

Was bleibt von euren Liebeserklärungen per WhatsApp, telegram, twitter, facebook, SnapChat oder instagram? Schreibt es auf, schreibt es auf Papier. Druckt es aus. Mit Kuli für immer auf chamoisfarbenes Papier.

Was bleibt nach dem Stromausfall und wenn alle Akkus leer sind? Nur Wisch & Weg. Darum bindet euch mit Büchern. Haltet euch fest mit Fadenheftung. Gestaltet ein schönes Cover.

Was bleibt von euren SMS und liebevoll genuschelten Anrufen? Woran erinnert Ihr euch in zehn und zwanzig Jahren? Etwa an die geschafften und verpatzten League of Legends-Battle? Die WoW Level? Die eckigen Welten von Minecraft, GTA und wie die alle heißen?

Poetisiert euch!

Was wird bleiben von eurer Handschrift, euren Fehlern in allen Worten? - Von eurer charmanten Grammatik ganz zu schweigen. Mach ich dich Messer, Alter!

Verweigert euch!

Speichert nicht alles, denn es wird nichts bleiben Speichersticks werden den Dienst versagen. CDs carbonieren, zersetzen sich zurück in Plastikstückchen, die allenfalls noch im Meer treiben.

Alles auf je gespeicherten Handys, Smartphones, iPads wird nur Weltraummüll werden. Deshalb schreibt Papierpost, Liebesbriefe, Postkarten, Tagebücher. Selbst gebastelte Umschläge aus Buntpapier, als Collagen. Zurück zu den Poesiealben der alten, haptischen Welt, offline!

Verschickt eure Spuren in die Welt, die auch ohne Strom noch funktioniert. Die, die auch nach vierzig Jahren in einem Karton entdeckt werden können. - Sucht euch schöne Schriftarten mit gut gebauten Serifen, bildet Zwischenüberschriften für euer Leben.

Erinnert euch!

Und lasst um Himmels Willen eure schönsten Fotos auf gutem Fotopapier entwickeln. Oder zumindest ausdrucken. Schmeißt sie in Kistchen. Für später. Für eure Kinder zum Zeigen. Und so.

11.09.2016, 13:52 Uhr

Jördis Rosenpfeffer

Herbstgedicht (Version 3)

I

ich erinnere mich an
unser knisterndes Begehren

nach dem Halbtrockenen, den du
mit in mein Zimmer brachtest

nach Wochen voller
heimlichem Verehren

endlich doch
intim verkehren

II

die Nächte sind inzwischen kälter,
bedeckter die Tage nach Frühnebelfeldern

im Blätterhaufen
hast du dich verlaufen

der Regen geht
seine eigenen Wege

deckst dich zu
mit gefallenen Bunt

die Frostempfindlichen
sollten reingeholt werden

im zartspitzigen Raureif,
am Taupunkt aller Gefühle

III

ich weiß schon lange nicht
mehr, wo du jetzt lebst

womöglich haben
wir ein Kind

vielleicht fragt es
irgendwann nach mir

dann finden wir doch noch raus,
das da Gemeinsamkeiten sind.

10.10.2019, 10:24 / 18:14 / 23:19 Uhr

makellos, nicht.

I

Nein,
ohne Makel
bin ich nich'.

Viele Narben
sieht man
sogar äußerlich.

Doch ich hab'
gelernt, mich
anzunehmen :

Mit Allem,
was ich bin.

II

Nun bin ich bereit
für irgendjemand,
der mich auch so nimmt :

Mit Allem,
was WIR sind :

Erwachsene,
Lachende,
Liebende,
Schweigende &
Inneres Kind.

III

Dann gäben
wir uns
richtig hin.

28.04.2019, 14:37 Uhr

Nun hast Du fast

Nun hast Du fast
die halbe Packung
weggeraucht.
Ich hab Dich gerne
so gesehen.

Viel Worte hab ich
nicht gebraucht.
Dich zu verstehen.

Erzählt hast Du
von Deinen Tagen.
Berichtet von
dem Eindruck da.

Und mußte gar nicht
viele Fragen fragen.
Es war mir klar.

Gesessen hast Du
zwischen diesen Kerzen.
Und sahst mich an
mit lieben Blicken.

Und gerne will ich
Dich auch herzen.
Und müde ficken.

20.05.2001, 23:14 Uhr

*Gedicht über den schönsten Grund
unglücklich zu sein*

I

ich denk' an Dich
in einem fort

doch ich bin hier
und Du bist dort

ich denk' an Dich
in einer Schlaufe

und wenn ich mich
heut' Nacht besaufe

und kettenlang
Zig'retten rauche

obwohl ich doch
nur Nähe brauche

II

nun lieg ich hier
nackt und verlassen

und kann es immer
noch nicht fassen

kann nur noch dies' Gedicht verfassen
und werd Dich niemals wirklich hassen

und denk' an das vergang'ne Wir
wie ein mutterloses Tier

hoff', dass Erinnerung' verblassen -
sollte ich's dabei belassen?

und wenn ich mich
heut' Nacht besaufe

und kettenlang
Zigretten rauche

06.03.2020, 18:33 Uhr

Herbsterwachen

Ich erwache in Deinen kühlen Frühnebelfeldern
die Elstern schreien, der Kaffee dampft
stecke mir Deine Augenringe an.

Vom Felsen gegenüber
singt Sehnsucht ihr ewiges Lied
in unendlichen Strophen.

Der Glutball wärmt den klammen Schlafsack
Du bist schon lange auf, hast Pilze gesammelt
für den kommenden Mittag.

Zum Abschied küsst der Mond den Horizont
wir stoßen zusammen an & uns dabei ab -
wird der Nebel sich jemals lichten.

Unsere Augen saugen Tageslicht,
wie die Bienen an den letzten Blüten
im bunten Treiben tun wir es nochmal.

Wandern auf den taufrischen Schenkeln des Flusses,
als wir uns trennen, verliere ich
alle vollgeschriebenen Blätter im Gehen.

24.10.2019, 10:53 Uhr

Kostprobe

am Morgen danach ändere ich
alle Passwörter zu meinem Herzen
verwerfe alle Zukunftspläne
verlege alle Notausgänge
kündige alle Versicherungen
lass mir einen neuen Namen geben
bereite uns Frühstück
und schenk dir zum Abschied
meine Wohnungsschlüssel.

Von Muskeln & Minuskeln

I

in unseren Muskeln
stecken noch
Zuckungen

gespeicherter Abwehr
Erinnerungen
in allen Zellen

Zeile für Zeile
auf deinen Versen
zwischen den Seiten

Kriegsgefangene
unserer ewigen
Liebesbezeigungen

II

und in unseren Zungen
zügeln sich noch immer
Versprechungen & Versprecher

zurück,
aber uns -haltend

02.04.2015, 04:57 Uhr
29.10.2019, 19:02 Uhr

nicht nur
für flynn

Du hast nicht nur alle Samen ausgesät,
achtsam & geduldig großgezogen
und sogar zum Blühen gebracht.

Du glaubtest auch, eine Raupe zu sein,
hast aber irgendwo tief in dir
an die Geburt des Schmetterlings geglaubt.

Du hast dich verpuppt & zurückgezogen,
die kalte Zeit überdauert und bist
letztendlich aus Deinem Cocoon geschlüpft.

Du hast dich im Sonnenlicht aufgewärmt
und dabei langsam deine Flügel entfaltet -
jetzt führst du sogar andere Falter zum Nektar.

Flieg!
Schwirre aus!
Sauge am Leben!

Die Farbe deiner Flügel ist schön,
streck die Fühler aus
und lande, wo es Dir gefällt.

02.11.2019, 08:54 Uhr

Guten Morgen

Träume ich noch?
Bist du schon aufgestanden?
Bereitest schon das Frühstück?

Bist du Frühaufsteherin?
Oder find ich dich nur nicht
unter dieser großen Bettdecke?

Holst du vielleicht grad
frisches Gebäck?
Oder war etwa der Kaffee alle?

Wie war noch gleich dein Name?
Bist du schon gegangen?
Zur Arbeit? (Was machst du eigentlich?)

Ah, du bist bestimmt
unter der Dusche, im Bad
dich noch schöner machen!

Ist das da Lippenstift am Glas?
Und Puder vor dem Spiegel?
(Ich mag doch keine Schminke.)

Was hab ich gestern Nacht gemacht?
Was war los? War ich tanzen?
Hab ich viel gesoffen?

Also, bist du nun schon gegangen?
Oder warst du gar nicht hier?
Träume ich noch?

30.05.2020, 15:07 Uhr

Guten Morgen II

Was ist das für ein rotes Haar
im Waschbecken? Hast du den Schlüssel
und meinen Verstand mitgenommen?

Und warum bin ich
über meine Hose
gestolpert?

Häh? - Die Salzstangen
gehören doch nicht
in den Kühlschrank!?

Und was macht die Rose da
so anmutig in meinem
ganzen Chaos?

Träume ich noch?
Oder war das wirklich
sehr berührend?

Pfingsten, 30./31.05.2020

Und hier die Aussichten

Die Minzblüten beugen sich
der Last der Tropfen, grad
als auch der Sommer sich
dem Ende zuneigt.

Ich bin schon ganz krumm
vor Hoffnung und krieche
auf Knien in Erwartung
eines ewigen Zungenkusses.

Der Ingwer hat die heißen Tage
nicht vertragen, darum grabe
ich ihn aus und stopfe die Knollen
in meine Backentaschen.

Wie ein emsiger Goldhamster
sich Vorrat zu schaffen
für die kalten Tage mit den
nackten Baumkronen.

Längst liegen die Brombeeren
am Boden und Wespen nagen
ihre schwere Süße aus den
prallen dunklen Zellen.

Ich hab alle Worte vergessen,
der träge Tag mündet
in einem endgültigen
Sommeruntergang.*

30.08.2020, 19:56 Uhr

*in der ersten Version hieß es: in einen vergangenen Tatort.

Und ich hörte leise Verkehrsgeräusche

zu viele Ideen, die mich
Tagträumerin schlaflos machen

eine halbe Scheibe Zitronenmond,
Kirchenglockenläuten

Lustschreie, die mich läutern,
keine Verkehrsgeräusche

die Wunderkammer platzt
aus allen Nähten

zu viele Ideen & zu viele Bücher,
um hier reinzupassen

viele Wünsche und sehr viele Träume;
sehr viele schöne, wilde Träume

mein verwildertes Ich,
vereinzelt Trauerschwäne

ein Ich-mag-dich und
dein Brausepulvermund

meine erworbene Schüchternheit
& verwobenes Gespinne

eine vollkomme Nackte
nachdenkliche Nachtdenkerin

nachts halb zwei
im Schlafsack.

19.12.2019, 01:35 Uhr

dann mach ich mich eben selber glücklich

ein funke entzündet die lust
wie ein züngelndes feuer

der nabel erhebt sich im dunkel der nacht
die haare am zittern im dunkel der nacht
das zimmer schwebt im dunkel der nacht
der bauch voller glitter im dunkel der nacht

die beine zucken im dunkel der nacht
die hand schnell im dunkel der nacht
der arm geübt im dunkel der nacht
die sinne getrübt im dunkel der nacht

die linke still im dunkel der nacht
die stimme ein hauch im dunkel der nacht
die finger berühren die weicheste haut
dies schöne gefühl schon längst altvertraut

der körper erbebt im dunkel der nacht
die spannung entlädt im dunkel der nacht

dann ist es warm im dunkel der nacht
alarm
die härchen legen sich im dunkel der nacht
nun bin ich satt im dunkel der nacht
müde & matt im dunkel der nacht
irgendwann ist es still im dunkel der nacht

ich schlafe ein
was für eine macht

08.06.1999, 02:33 Uhr
21.10.2020, 14:35 Uhr

sonate auf den herbst

oh, du bist mein langer schatten
so warm, so gegen abend hin,
so daß gedanken mir gestatten
zu wissen, wer ich wirklich bin.

so dass gefühle mich erleben machen
zu erkennen, wo die bäume früchte tragen,
dann kann ich endlich wieder lachen
und werd' es schließlich nochmal wagen.

so rot jetzt werden die gesichter,
still wiegt sich nun der abendwind,
die lichter werden hell und dichter,
im hinterhof weint noch ein kind.

so stark ermattet uns die nacht,
ich kann dich fühlen, wenn ich träume
und bist du manchesmal erwacht
wandelst wie düfte durch die räume.

20.05.2001, 14:23 Uhr

Vorahnung auf ein mögliches Wunder

I

Die Kinder im Flußlauf der Gezeiten
Ich will dich einen Abschnitt lang begleiten
Und möchte unter Kirschen und Moränen
Mich willentlich entkörpert nach dir sehnen.

Sobald der Sturm fällt in die flachen Kammern
Will ich mit dir vor Lust und lustig jammern
Und wo der Speicher steht am andern Ufer liegen
Dann dich im Grunde himmelhoch besiegen.

Und wenn der Krieg kommt und uns angst und bange
Reiß' ich das Böse raus wie morsche Zähne mit der Zange
Und sitzen unter diesem unerschütterlichen Pavillion
Zu hören viertelstündlich Melodie und Gong.

Wenn nur der Geist noch wach ist und der Körper müde
Dann steht und fällt der Nachtwind mit der Liebe
Mit jeder Hebung und Senkung unsrer Atem
Können wir die Zukunft kaum erwarten.

Und dieser Duft von unter deinen Armen
Erhöht die Lust, die Sonne kein Erbarmen
Und alle Halme vorwärts biegen
Sich dieser Kraft die Sterne liegen.

Ganz gleich mir, was die ander'n meinen -
Ich werde deine Trauer teilen, mit dir weinen
Und auf der Wiese, wenn der Rausch beginnt
Erklär' ich dir die Welt wie deinem Kind.

Und wenn die Blüter am Morgen dann erkalten
Sehen wir zu, dass wir den Pegel halten
Von Glückshormonen und von Illusionen
Die dort im Flußlauf bei den Kindern wohnen.

Und so erstreckt sich über Sommerhitz' und Eis
Der Lebensbogen; und erschließt den Kreis
Sobald die Gänseblumen wieder maßlos blühen
Bist du die Blume und ich eine von den Kühen.

Und auch der Leichtsinn wie die Euphorie
– Nicht vorher und auch nachher nie –
Schüttelt uns abermals in solchen Dosen
Ganz ohne Dornen wie die Edelrosen.

II

*(Ich habe meine Liebe bereits der Mutter gebeichtet,
Sie soll sie geheimhalten wie Schneebälle im August.)*

Wenngleich ich's dir auch noch nicht deutlich sagte,
So doch der Ansinn, es zu tun, schon an mir nagte:
Du darfst dich gern an mir bereichern
Und für die Dürrezeiten Liebe speichern!

Und wenn die Dämm'rung zunimmt & der Mond geht auf
Dann kommen auch Berührungen zuhauf.

Wenn wir nicht stolpern, dort wo Fallen auf uns lauern,
Kann der besagte Abschnitt ewig dauern.
Und als du kamst und ich dich ließ,
Da wurde meine Heimat wieder süß.

Und falls sich unter Schneelast Äste biegen,
Sollen Momenterinnerungen an den Sommer siegen.
Weil an den Blütenständen der Lemonen
Die Düfte gänzlich Glücksmomente lohnen.

>>

Auf Serpentinen hin vom Wir zum Uns gewandert,
wo Schenkelufers Fluß ums Haar mäandert
Sind wir uns liebend auf den ersten Blick begegnet,
So dass seit Jahr'n mal wieder aus den Augen regnet.

Für das Zusammensein gibt es Millionen Gründe
Und werden Steine werfen, und sind doch voll Sünde
Denn in den Monaten von Juni bis August
Da potenzier'n sich Hitze, Fickrigkeit und Lust.

(Ende unklar und offen)
02.07.2006, 16:16 Uhr

vergangenen herbst

vergangenen herbst/
als wir/ beide
die blätter/ zusammen
zusammenkehrten/

diesen herbst
will ich sie/ alle
einzeln/ wieder aufhängen/

Herbst 1998

Jördis Rosenpfeffer

herzstück

du bist
was ich nie wollte
zu wagen geträumt

du wagst
was ich nie träumte
zu wollen

du willst
was ich nie wagte
zu wagen gewagt

unverzagt

ca. 2010

offenbarung

ans fenster
hauche ich
meine atemlose sichtweise

und male
mit dem finger
dieses gedicht

das verblasst wenn ich gehe
aus deinem badezimmer

so hoffe und warte ich
bis du einmal duschst

heiß und
bei geschlossenem fenster
an einem winterkalten tag

ca. 2001

dein zimmer

dein zimmer ist
mein wallfahrtsort
dein zimmer ist ein wort

ist wie ein stückchen holz im meer
dein zimmer ist das leichte in all der schwere
ist eine träne in der ich sitze und atme

ist das salz auf den faden kartoffeln tag für tag
die wurzel einer roten rose im schnee
in deinem zimmer ist juli im november

dein zimmer ist ein leuchtturm in meinem tag
eine gefüllte blume und ich die hummel
dein zimmer - und alles drumrum ist egal

der schönste warteraum auf dich ist dein zimmer
dein zimmer ist ein fliegender roter teppich
und ich eine winzige traurigkeit in ihm ohne dich

dein zimmer ist ein buntes paradeis
und nur ein herzschlag weit entfernt
dein zimmer ist eine warme weiche hand, in der ich wohne

eine gelbe lotusblüte ist dein zimmer
und die befreiung der gefangenen gedanken
die sich immer nur im mich gedreht haben

dein zimmer ist ein kuß von irgendwem
ich laufe im indischen sand in deinem zimmer
die sinne bei der sonne über mir

mit nackten füßen frei von besitz und angst
der reichste mensch der welt in deinem zimmer

dein zimmer ist
mein wallfahrtsort
dein zimmer ist nicht nur ein wort

12.11.2002

du mußt schon selber glücklich sein

wäre salz im ozean dein glück
würde ich mich an seine ufer stellen
und mit einem streuer nachwürzen

mit einem gewürzstreuer
an die ufer des glückes

mehr kann ich für dich nicht tun
du mußt schon selber glücklich sein

2001

Nachwort

Liebe ist mannigfaltig, vielseitig, grenzenlos. Sie lässt sich nicht beschränken auf die Gefühle zu einem *(oder mehreren)* anderen Menschen, sondern umfasst auch die Liebe zur Natur, zu Tieren, Pflanzen, Blumen, Dingen; zu einem Ort, einem Lied oder einem bestimmten Genuß.

Die Definition von Liebe kann nur eine Hilfe ihrer Einordnung für uns sein – der Liebe selbst ist das egal. Wenn sie wahrlich bedingungslos gelebt underfahren wird, kennt sie weder Raum noch Zeit; bis über den Tod hinaus.

Und natürlich auch die Selbstliebe. Denn mit ihr fängt alles an, um in die Welt getragen zu werden: gutmütig, demütig, respektvoll, dankbar, allumfassend.

Echte Liebe kennt kein Geschlecht, keine Augen-, Haar- oder Hautfarbe. Sie ist offen, frei und tüdelü.

Wahre Liebe engt nicht ein, lässt frei, freut sich für den anderen. Hofft, verzeiht, nimmt an und lässt los.

Liebe pickt sich keine Rosinen raus. Sie akzeptiert Ecken & Kanten, nimmt Fehler in Kauf, will nicht perfekt sein, weil sie fühlt, dass das Gute ohne das Schlechte nicht sein kann. Sie liebt auch Unebenheiten und Marotten. – Und macht uns das alles nicht erst einzigartig und liebenswert?!

Eigentlich ist Liebe unbeschreiblich. Dennoch ist hier eine Auswahl *(weiterer Versuche & Vers-Suchungen)* von Liebesgedichten aus den vergangenen Monaten und Jahren. – Zu den abertausenden Liebesbekundungen der Menschheitsgeschichte. Denn wie brachte es Karl Valentin so treffend auf den Punkt: *„Es ist schon alles gesagt, nur noch nicht von jedem."*

Liebe ist einfach.
Liebe einfach.
Spread the love.

Jördis Rosenpfeffer
29.08.2019, 09:42 Uhr

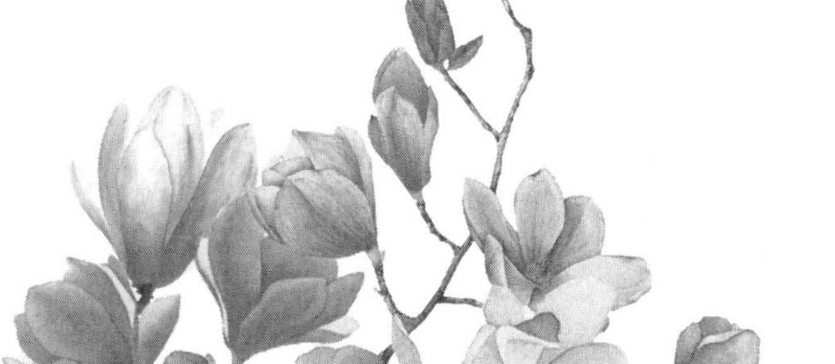

Verzeichnis der Texte

Liebesfragment 7
warten aufs gewitter 8
Beide, nicht die. 9
Mal anders anfangen 12
sprachlos, mit zunge. 13
bestimmt, ganz. 14
komm, und. 15
Sie lügen, alle! 16
Vereinbarung 17
nachtwache, eule. 18
mehr, noch. 19
Geh nicht 20
herzensbrecher 21
ich liebe deinen abwasch 22
versuch eines besuches 23
zwölf sonnen, sengend. 24
nachtnotiz, spontan. 25
wie im film, von vorn. 26
Immer hungrig, Mädchen. 27
deine leuchtenden augen 28
gespannt, sehne. 29
verliebt 30
iwie 31
nur am Freitag, nach Ermessen. 32
introvertierte perfektionistin 33
Gefühle, Moleküle. 34
Trautes Heim 35
dichtung@wahrheit 38
Meiner ersten großen erfüllten Liebe 39
Algorithmus, fraglich. 40
Turmzimmer, Glas 41
was ich wissen will 42
zuneigung, zeichen der. 44
arm & selig. 45
strudel, verstopft. 46
Liebe in Zeiten von Corona 47
kein gedicht. 48

licht, jahre. 49
die reste der nacht 50
falter, nacht. 51
Hey, Du darfst einfach sein. 52
Sonne Erde Mond Kopf 53
Horndrossel, frischgeschlüpft. 54
Pustekuchen 55
weiter weg 56
Wie es ist 57
waldrand, neblig. 58
was ganz. 59
Versuch, kläglich. 60
Neuland, vermessen. 61
Eine dieser Nächte 62
teufelsberg, federnd. 64
nicht, lieber. 66
Was wirklich wichtig ist 67
Versbrecher 68
Zusammen(H)alt 69
ich möchte ach 72
feuer, antrag. 73
glut, nachtrag. 74
liebe, alltag. 75
dicke tropfen klatschen 76
aus deinem mund gefallen 77
schon bald oktober 78
höre mit mir 79
nachtrag, hand holz & werk. 80
Feuer im Kopf 82
zungenspiele 84
Notiz, zischend 85
glutnester, abseits. 86
zwei kaputte 87
wesentlich 88
feuerzyklus, vorerst letzte verse. 89
und ich hole mir aus dem kleinen Laden 90
der dünne Mann 91
ich träume davon 92
augusttage, verwittert. 93

ich beschließe ich werde etwas essen 94
Nabelschau 95
Offener Brief an junge Menschen 96
Herbstgedicht (Version 3) 98
makellos, nicht. 101
Nun hast Du fast 101
Gedicht über den schönsten Grund 102
unglücklich zu sein 102
Herbsterwachen 104
Kostprobe 105
Von Muskeln & Minuskeln 106
nicht nur 107
Guten Morgen 108
Guten Morgen II 109
Und hier die Aussichten 110
Und ich hörte leise Verkehrsgeräusche 111
dann mach ich mich eben selber glücklich 112
sonate auf den herbst 113
Vorahnung auf ein mögliches Wunder 114
vergangenen herbst 117
herzstück 118
offenbarung 119
dein zimmer 120
du mußt schon selber glücklich sein 121
Nachwort 123